8°Lb⁴¹
321

Lb 41/321

DECLARATION

DE

M. LOUIS DE NARBONNE,

ANCIEN MINISTRE DE LA GUERRE, EN FRANCE

Dans le Procès du Roi.

A LONDRES,

Chez les Marchands de Nouveautés.

1793.

A
MM. TRONCHET & MALESHERBES.

J'ai l'honneur, Messieurs, de vous adresser ma Déclaration comme Français, & comme Ministre du Roi, dans le Procés de cet infortuné Monarque, pour qui tout n'est pas dit encore, puisqu'il lui reste ses vertus, son courage & vos talens.

L. DE NARBONNE.

DECLARATION

&c. &c.

La Convention a paſſé à l'ordre du jour ſur ma demande; elle n'a pas même entendu le développement des motifs qui me donnoient des droits particuliers pour l'obtenir. Sans doute un grand nombre de Français étoient prêts à ſe préſenter comme défenſeurs de Louis XVI, & poſſèdent pour faire éclater la juſtice de cette cauſe des talens qui me ſont refuſés, & que je vois, avec bonheur, réunis dans la personne de MM. Tronchet & de Malesherbes : mais je pouvois, comme miniſtre, témoigner quelques faits, & jeter quelques lumières sur un procès, où les règles générales de l'équité doivent être d'autant plus respectées, qu'on écartoit tous les souvenirs, tous les serments qui faisoient de l'inviolabilité de la personne du Roi un principe solemnellement consacré.

L'immense majorité de la nation Française, celle même de la Convention ne veulent pas la mort du Roi, l'Europe en a horreur ; & les hommes les plus enthousiastes des principes de la révolution de France, frémissent à la seule idée de cette atroce injustice. C'est que toutes les calomnies, tous les efforts de la haine n'ont pu présenter Louis XVI comme un tyran, & que ses défauts & ses qualités rendent également absurde une pareille dénomination. Il est donc impossible de croire à la vérité de l'indignation qu'on témoigne contre le Roi, & cette fureur barbare, n'a pas même le triste honneur de passer pour naturelle.

La Convention paroît divisée entre deux partis. L'un poursuit les projets dont les massacres du 2 septembre ont été l'affreux signal; & l'autre défendroit la vie du Roi, & se plairoit dans l'exercice de quelques vertus, s'il ne craignoit pas de perdre cette popularité, divinité de la France depuis 4 ans, courtisée par l'ambition ou la peur, suivant les époques de la révolution dans lesquelles des succès, ou de grands périls flattoient l'espérance, ou remplissoient de terreur. Il n'est plus au pouvoir de cette Convention de donner à la mort du Roi aucune apparence de légalité. Tous les caractères de l'assassinat appartiennent déjà à l'instruction de ce procès. Les expressions des orateurs qui ont parlé dans cette cause, loin de rappeller l'impartialité d'un juge, surpassent la féroce ivresse de la vengeance personnelle. Les nouveaux ennemis du malheureux Louis XVI croyent s'élever au dessus du rang suprême qu'il occupoit jadis, en l'accablant d'outrages; mais ces emportemens font soupçonner seulement que le titre de Roi produit sur eux encore un plus grand effet qu'ils ne pensent. La terreur enfante la rage; la véritable grandeur est calme & s'appuye sur la justice… mais il faut contenir son ame, & simplement exposer des faits : peut-être leur reste-t-il encore quelque puissance, celle des sentimens n'existe plus aujourd'hui.

J'ai été, selon mes forces, un Ministre véritablement fidèle à la constitution ; j'ai regardé comme un devoir de me soumettre aux loix de mon pays ; j'ai cru trouver l'avantage personnel du Roi, & l'intérêt général dans la sincérité, dans l'activité des efforts consacrés à faire marcher le Gouvernement. La Constitution avait sans doute de grands défauts; mais l'esprit révolutionnaire étoit si puissant en France, que toute tentative rétrograde étoit une chimère; & l'on n'auroit pas eu trop des reſſources réunies du talent & du caractère, pour arrêter la révolution à la Conſtitution qu'elle avoit produite, juſqu'à l'époque où le tems auroit amené les changemens déſirés par tous les hommes éclairés.

Quelques-uns de mes collègues avoient une manière de voir différente; & profondément inquiet des dangers que je voyois s'approcher avec tant de violence, je leur montrai une oppoſition directe & publique qui dût déplaire au Roi, & le décider à éloigner un homme dont la jeuneſſe ne pouvoit lui inſpirer une confiance qui réſiſtât aux attaques multipliées dirigées contre lui. Mon éloignement du Miniſtère, ne peut donc être conſidéré comme une action interprétative des deſſeins du Roi; je ne le préſenterai pas non plus, il eſt vrai, comme une raiſon de croire à mon témoignage dans la cauſe de Louis XVI. Quel homme peut reſter, même impartial, à l'aſpect de tant de malheurs;

de quel refpect ne fe fent-on pas pénétré pour la folemnité de ces grands revers, & fi l'on avoit pu fe flatter que fes intentions & fes projets en auroient détourné l'atteinte, quel remords ne feroit pas éprouver la crainte d'avoir négligé un feul moyen d'attacher à foi le Prince infortuné, qu'on voudroit fauver aux dépens de fa vie.

J'ai été dans le confeil du Roi depuis le mois de décembre jufqu'au mois de mars 1792, c'eft-à-dire, à l'époque où la grande queftion de la guerre, étoit fans ceffe agitée. Je penfois qu'il falloit à tout prix, faire ceffer les inquiétudes politiques qui alimentoient les troubles intérieurs, exiger la ceffation des raffemblemens hoftiles des émigrés, montrer que la France étoit toujours une puiffance redoutable, enfin, affurer la paix par les préparatifs de la guerre. Je penfois que lorfqu'on parloit au nom d'une Nation libre, il étoit commandé de tenir le langage qu'on eût approuvé dans le Miniſtre de Louis XIV. Ce plan de conduite étoit, je crois, le plus sûr moyen d'éviter la guerre & de contenir le juſte orgueil d'un peuple qui s'indignoit de n'être plus compté dans la balance des forces politiques de l'Europe. J'ai vu conſtamment le Roi, lorſque j'expoſois ces principes dans le conſeil, s'identifier avec l'honneur de la Nation, approuver, ſeconder les efforts que je fis pour rétablir en trois mois une armée déſorganiſée, écrire aux généraux les lettres les plus propres à encourager leur zèle, nommer aux places, que la Conſtitution laiſſoit à ſa diſpoſition, les hommes les plus connus par leur patriotiſme, & montrer aux Français qui ſervoient la cauſe de la liberté, qu'on bleſſoit ſon cœur & ſon opinion, en s'uniſſant aux émigrés ennemis de la Conſtitution nouvelle. Le Roi joignoit, il eſt vrai, à l'occupation ſincère de tous les moyens d'aſſurer le ſuccès de la guerre, un ardent défir de maintenir la paix; & il peut être étrange de trouver, à la fois, dans la Convention, un parti qui fe vante d'avoir forcé ce Prince à déclarer la guerre, & un autre qui l'accufe de l'invafion des étrangers.

Je peux certifier que le Roi n'a rien négligé pour éviter la guerre à la France, & qu'il exifte des lettres de lui, à différens Souverains de l'Europe, qui demandoient en fon nom & pour fon propre intérêt que la paix ne fût point troublée. Louis XVI craignoit plus que perfonne l'arrivée de fes prétendus libérateurs; peut-être favoit-il préfager qu'elle ne pouvoit lui être que funefte; mais furtout, dirigé dans tous les tems par les principes de la morale la plus religieufe, il avoit l'horreur de l'effufion du fang. On fait indifputablement que depuis le commencement de la Révolution, le Roi a repouffé tous les projets qui pouvoient expofer la vie de fes amis ou de ses adversaires; & le 10 Août même, on n'a pu lui arracher que l'ordre de se défendre. Ceux qui se glorifient maintenant d'avoir préparé les événemens de ce jour, auront de la peine à expliquer comment la gloire en est pour eux, & le crime pour Louis XVI. Comme en disposant despotiquement de la tribune et de la presse on influe sur l'opinion des hommes; comme on les enivre de raisonnement; comme on environne tellement la vérité de tout ce qui n'est pas elle, qu'elle se perd au milieu des paroles, des idées, & des mouvemens dont la rapide succession éblouit presque le cœur, & semble étourdir l'instinct naturel. Enfin on accuse le Roi d'avoir ordonné que les places & les troupes seroient mal approvisionnées afin que le royaume fût livré sans défense aux armées étrangères. Des dates précises répondent sans réplique à ces accusations : mais qui sait examiner des dates; qui distingue les tems au milieu des passions qui ne comptent que d'après l'ère de leurs désirs, ou de leurs regrets?

Quand je suis sorti de place, le 10 Mars, il falloit, & je l'ai souvent répété au comité militaire, il falloit encore deux mois de soins continus, & j'ose le dire, actifs, comme les miens, pour achever de mettre l'armée en état d'entrer en campagne. L'état où elle étoit, constaté par mon rapport à l'Assemblée, n'a jamais pu être démenti par les recherches les plus ardentes de mes ennemis; & depuis le 10 Mars, jusqu'au 20 Avril, époque de la déclaration de guerre, ce sont des Ministres Jacobins, c'est M. Dumourier, & bientôt après, M. Servan, qui ont tout dirigé; comment donc le Roi seroit-il responsable de la précipitation de leurs mesures? quelle influence pouvoit-il avoir sur leur administration? En est-il aucun qui osât dire que le Roi leur avoit demandé d'affoiblir la garnison ou l'artillerie de Longwi & de Verdun? Et s'il leur avoit fait cette demande, auroient-ils dû lui obéir; & n'étoient-ils pas, par la constitution, absolument les maîtres de diriger, à leur gré, les préparatifs de la guerre? Les premiers échecs cependant qu'a reçu l'armée française à Mons & à Tournay, ont eu lieu sous un Ministère Jacobin; & ceux de Longwi & de Verdun appartiennent visiblement aux intelligences d'un parti dans l'intérieur du royaume, & non aux mauvais approvisionnemens de ces places. Si le Roi avoit été d'accord avec les chefs des armées étrangères, il eut profité des vœux que formoit pour la guerre le parti populaire; il n'auroit pas eu la noble maladresse de les combattre long-tems; enfin, s'il eut voulu que cette guerre fût conduite perfidement, ce n'est pas à des Ministres Jacobins qu'il en eût confié la direction, à des Ministres dont il ne s'est séparé, six semaines seulement avant le 10 Août, que par le conseil & la volonté même de M. Dumouriez. — Non, tous vos efforts sont vains; non, jamais vous n'associerez ensemble l'idée de Louis XVI & celle du crime. Il a été foible peut-être : peut-être il n'a pas eu le courage de donner à personne sa confiance toute entière ; & dans la plus difficile des circonstances, il n'a pas su assez ni se montrer, ni rester Roi : mais plus vous anéantissez en lui ce titre, plus vous ne le considérez que comme un simple citoyen, moins vous avez le droit de le condamner; car il est impossible de posséder sur tous les rapports particuliers, des vertus aussi douces & aussi pures. Pourquoi donc voulez-vous sa mort? Est-ce pour justifier sa déchéance ? alors je suis plus républicain que vous ; car je ne pense pas qu'il soit besoin de trouver des crimes au Roi pour motiver la perte de sa couronne. Une Nation a le droit de changer sa constitution ; & si, véritablement, le Peuple français a cessé de croire à l'avantage du gouvernement monarchique, ses Repréfentans ont pu, ont dû en prononcer la deftruction. Vous n'avez pas befoin d'entaffer des calomnies fur cette augufte victime, comme s'il vous falloit une excufe à une réfolution que vous aviez le droit d'énoncer, s'il eft vrai que vous exprimiez la volonté de la Nation. Pourquoi voulez-vous la mort du Roi ? Eft-ce parce que vous craignez que fon nom ne relève un jour un parti qui le replace fur le trône? Je fuis encore plus républicain que vous. Je fais que le fort de la royauté en France ne tient pas à la deftinée d'un homme. Les trônes feroient menacés, peut-être, fi la République de France eût établi l'obéiffance aux loix, la douceur des mœurs, le refpect de toutes les vertus; mais fi elle continue à préfenter le fpectacle de la férocité unie à l'ignorance, d'une inégalité inverfe qui remet la puiffance entre les mains du crime & de l'impéritie, & la ravit fucceffivement à tout ce qui s'élève à des idées poffibles, ou à des sentimens humains ; ce n'est pas seulement l'un des descendans d'une race qui a gouverné mille ans la France, ce n'est pas celui qui fut le chef légitime de la Nation, qu'elle ira chercher pour le mettre à sa tête ; c'est le premier homme qui, réunissant sous ses ordres une force publique quelconque, pourra garantir à chacun la conservation de ses propriétés & de sa vie.

Le Ministère important qui m'a été confié, le nom de Français que je porte encore, ma conscience, tout me faisoit un devoir de cette déclaration qui se perdra dans l'immensité des preuves en faveur d'un Prince qui a déja fait entendre si victorieusement le langage de la vertu.

L. DE NARBONNE.

www.ingramcontent.com/pod-product-compliance
Lightning Source LLC
Chambersburg PA
CBHW060715050426
42451CB00010B/1458